글·그림 홍끼

# 2

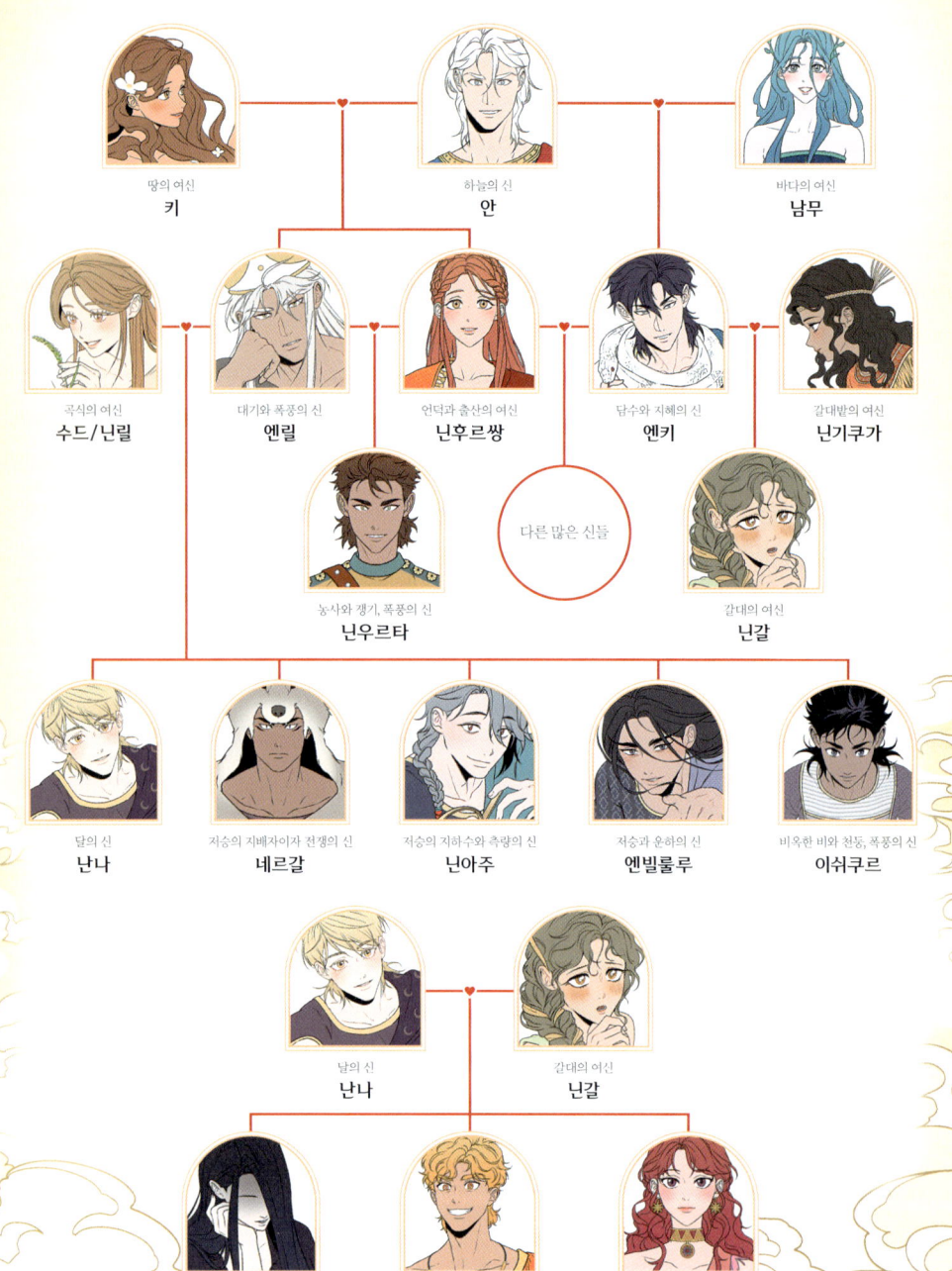

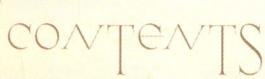

# 목차

| | | | |
|---|---|---|---|
| 10화 | 엔릴의 새로운 후계자 II | ……… | 5 |
| 11화 | 엔키와 딜문 I | ……… | 25 |
| 12화 | 엔키와 딜문 II | ……… | 45 |
| 13화 | 엔키와 딜문 III | ……… | 63 |
| 14화 | 인안나라는 여신 I | ……… | 83 |
| 15화 | 인안나라는 여신 II | ……… | 101 |
| 16화 | 안주와 운명의 서판 I | ……… | 117 |
| 17화 | 안주와 운명의 서판 II | ……… | 133 |
| 18화 | 안주와 운명의 서판 III | ……… | 151 |
| 19화 | 안주와 운명의 서판 IV | ……… | 167 |
| 20화 | 안주와 운명의 서판 V | ……… | 185 |
| 21화 | 안주와 운명의 서판 VI | ……… | 203 |

**일러두기**

본 만화는 메소포타미아 신화를 바탕으로 각색·재구성한 것으로, 실제 신화 기록과 다른 점이 있습니다.

산에서 내려와
인간의 마을을 파괴하던
괴물들의 우두머리인
아자그.

그의 공격에 정신을 잃고
쓰러진 닌우르타에게
아버지 엔릴의 명령이 닿았어.

탓

걱정 마십시오, 아버지.

실망시켜 드리지 않겠습니다!

닌우르타는 바람을 활시위에 걸어

우웅...

쉬익

여덟 개의 바람은
폭풍우가 되어

괴물들 사이를
휩쓸기 시작했지.

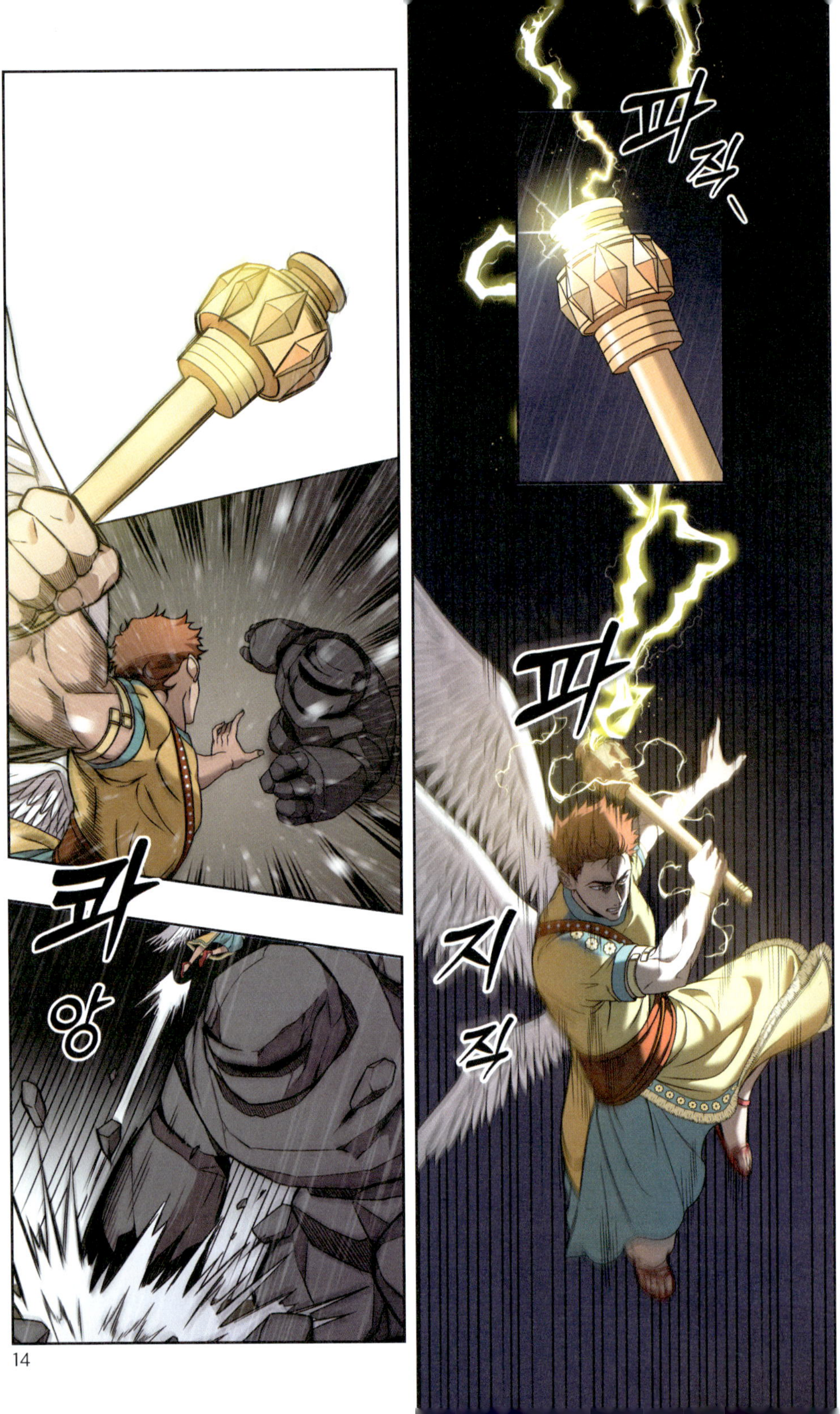
콰앙
파직
파지직

콰앙

쩌적!

갈라진 바위 괴물의 몸에서는

수많은 광물들과 아름다운 보석들이 쏟아져 나왔어.

닌우르타가 진정한 후계자로 신들에게 보여지는 순간이었지.

닌우르타 님이 괴물을 무찌르셨어…!

와아아!! 닌우르타 님!

정말 대단한 능력이야…!

단 두 명의 신만이
굳은 표정으로
그 자리를 떠났어.

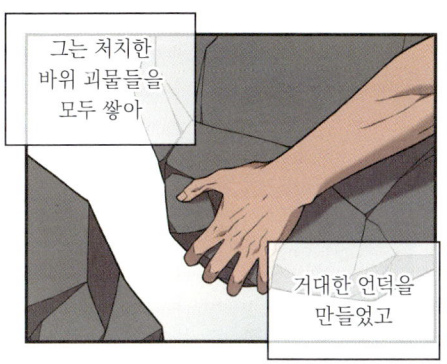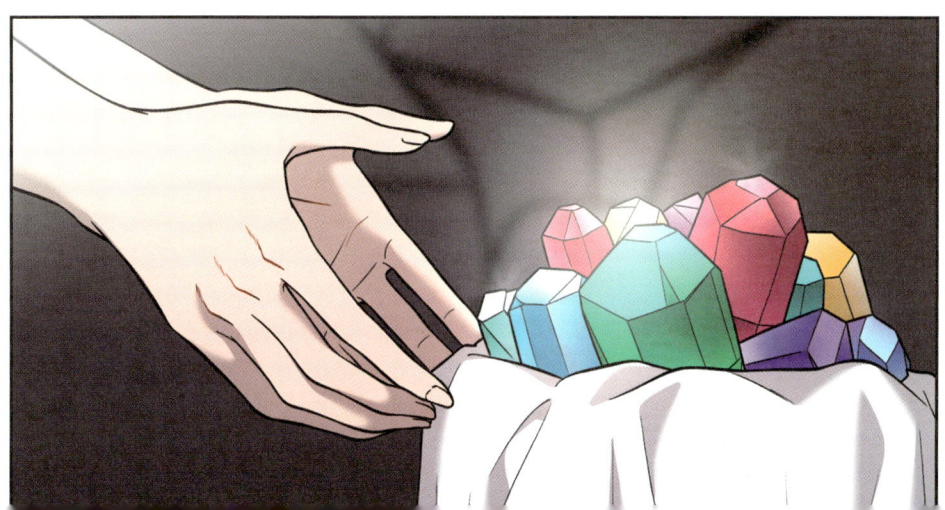

강한 힘으로
땅 위를 위기에서
구해냈음은 물론

땅 위의 풍요마저
그의 손에 있었으며

엔릴과 닌후르쌍
사이에서 태어나
깨끗한 왕의 피를
이은 신이었으니까.

또다시 평화로운 나날이 이어지고….

저벅

웃음 짓는 얼굴을 보니

내가 만든 딜문이 썩 마음에 드는 것 같군.

닌우르타의 활약을 보고

자신의 신전으로 돌아간 엔키는

몇 날 며칠을 고민하며 침소에서 나오지 못하고 있었어.

이시무드냐.

그렇게 엔키는

딜문에서 평화로운 시간을 보내던 닌후르쌍에게 접근하게 된 거야.

쉬고 있는 여신을 방해하는 걸 보니 할 일도 없는 모양이구나.

할 일이 없다니, 그대가 쉬고 있는 딜문을 다스리고 있는 게 나인데.

웃음 짓는 얼굴을 보니

내가 만든 딜문이 썩 마음에 드는 것 같군.

그대도 이곳의 풍경이 만족스러우니 미소가 절로 나오지 않는가! 공들여 가꾸는 보람이 있는 곳이지.

내가 미소 지은 건 딜문 때문이 아니라 이 보석들 때문이란다.

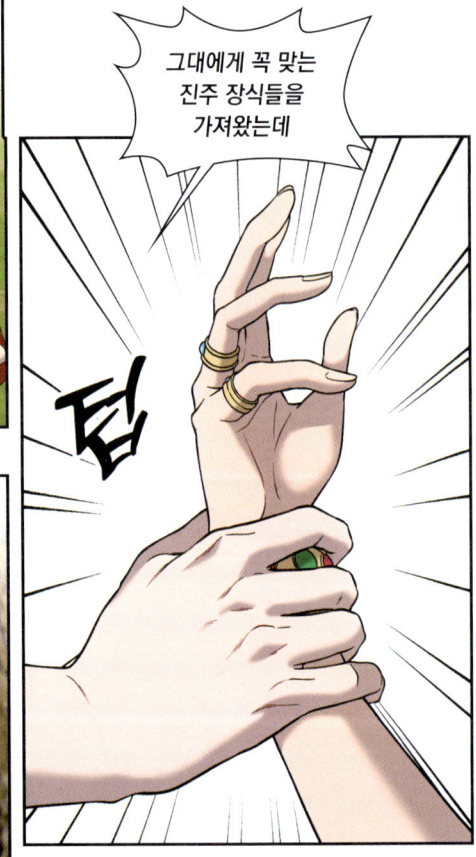

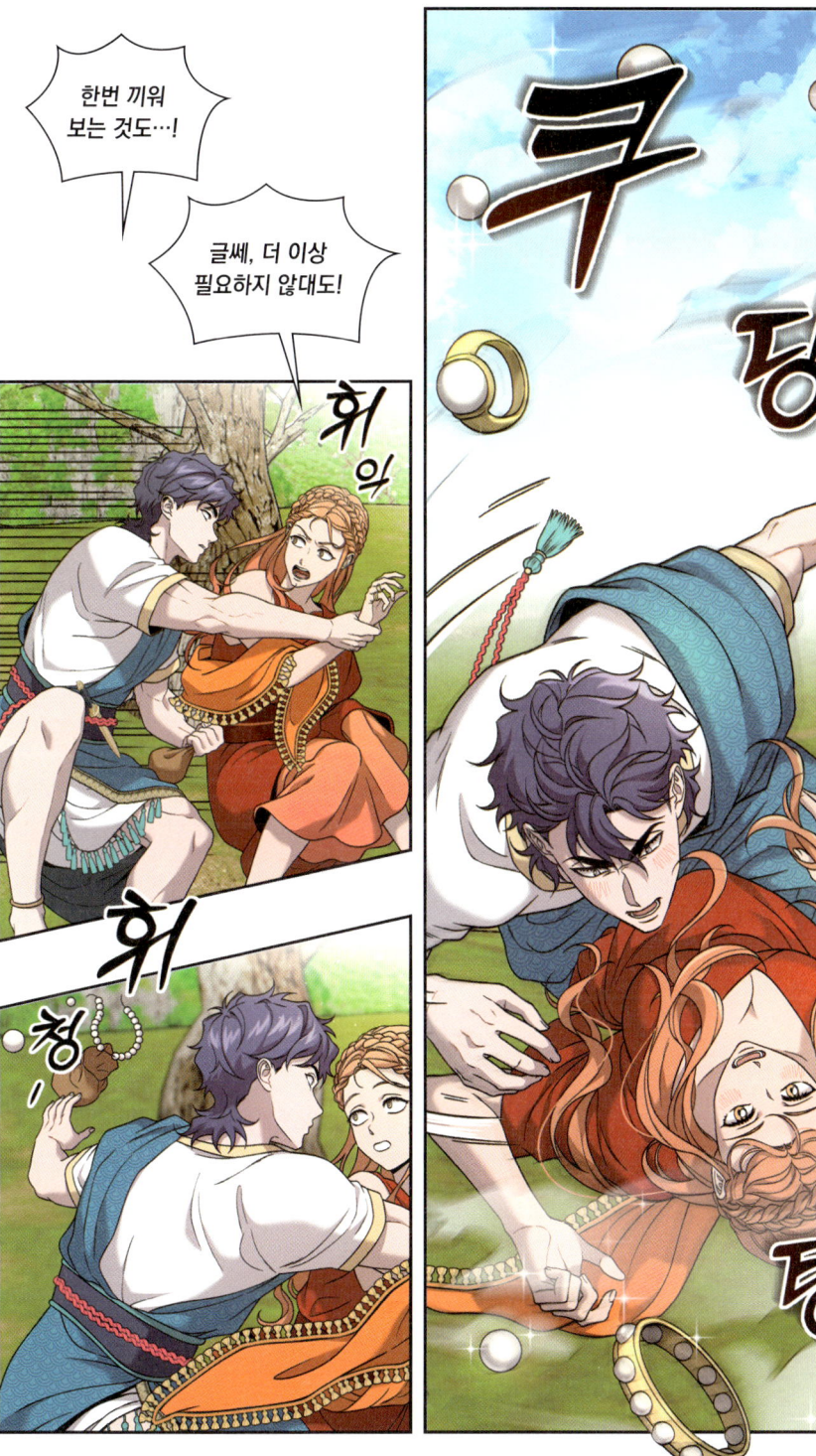

그렇다면…

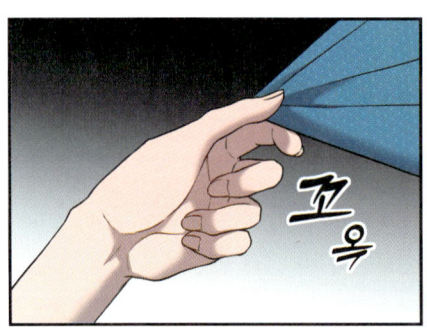

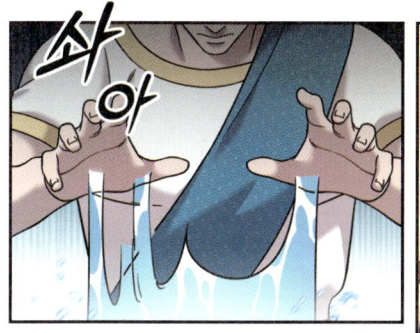

엔키는 다시 한번 더
닌후르쌍에게 부탁했고

닌후르쌍도
마지막으로
그의 부탁을
들어줬어.

다시 9일이 지나고
직조의 여신
웃투가 태어났지.

웃투는 베를 짜
아름다운 옷감을 만들어
닌후르쌍에게 선물했어.

그녀의 기술과 솜씨는
신들을 넘어
인간들에게까지 닿아

아름다운 직물들이
널리 퍼져나갔지.

닌후르쌍은 그녀가 사랑스러웠어.

그래서 이번에도 그녀를 보고 실망할

엔키에게 화가 났지.

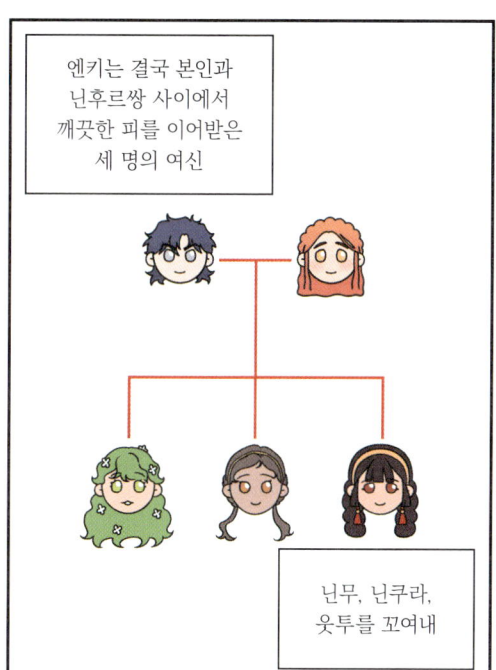

엔키는 결국 본인과 닌후르쌍 사이에서 깨끗한 피를 이어받은 세 명의 여신

닌무, 닌쿠라, 웃투를 꼬여내

그들과의 관계에서 새로운 후계자를 탄생시키기로 마음먹었어.

닌후르쌍과 엔릴의 결합이

엔릴의 대기가 하늘과 땅을 가르자

닌후르쌍의 언덕이 비집고 나와

대기와 언덕이 닿았던 일로 설명할 수 있는 것처럼,

신과 신의 결합은 자연이 결합되는 것의 상징으로,

인간과는 달리 세대나 친족을 따지지 않고 일어나는 것이 자연스러운 일이었어.

하지만 닌후르쌍은 세 명의 여신들이 태어날 때마다 실망했던 엔키가

그런 불손한 의도를 가지고 접근해 올 것을 용서할 수 없었던 거야.

닌후르쌍은 엔키의 시커먼 속셈을 미리 눈치채고 있었기 때문에 딸들에게 경고했어.

엔키가 다음 후계자를 가지기 위해 너희에게 접근할 것이다.

절대로 그의 꼬임에 넘어가지 말거라!

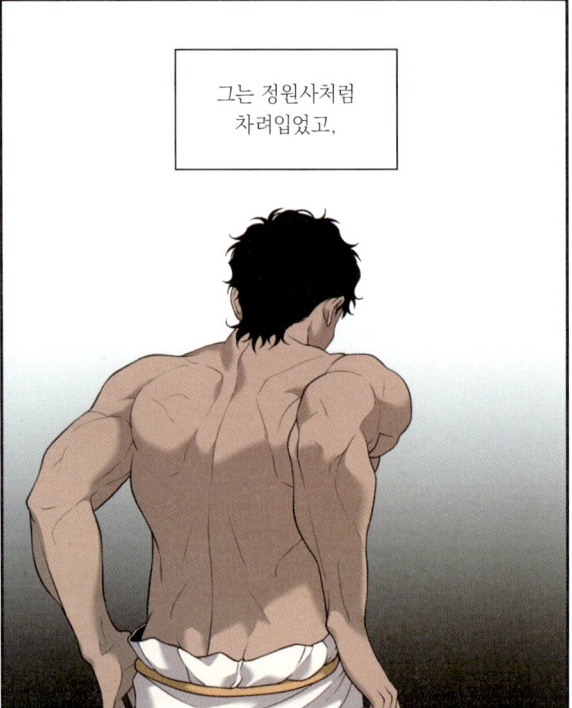

그는 정원사처럼 차려입었고,

이 정도면 나쁘지 않군.

이제 남은 건 선물 정도인가….

딜문의 관개수로 옆 정원에서

신선한 과일과 채소를 따다가 바구니에 담았어.

그리고 웃투가 있는 곳으로 향했지.

!!

괜찮단다, 얘야.
다시는 이런 일이
생기지 않도록
해주마.

그러고는 엔키를 향해
저주의 말을 내뱉었지.

닌후르쌍은 엔키가
남기고 간 물을 모아

근처의 풀밭에
던져버렸어.

…네가 죽는 날까지
생명을 주는 눈으로
바라보지 않겠다.

그렇게 얼마간의
시간이 흐른 뒤…

닌후르쌍이
엔키의 물을
버린 바로 그 자리에

여덟 가지의
식물이 자라났어.

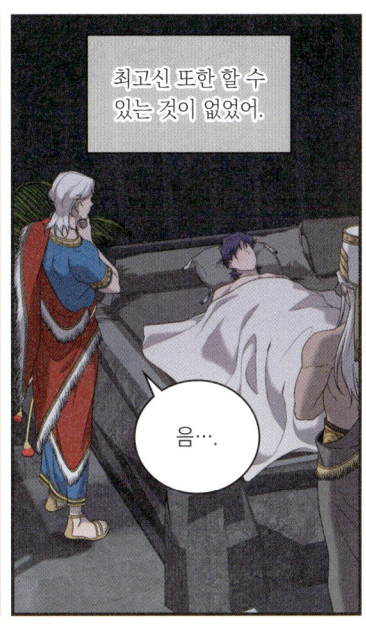

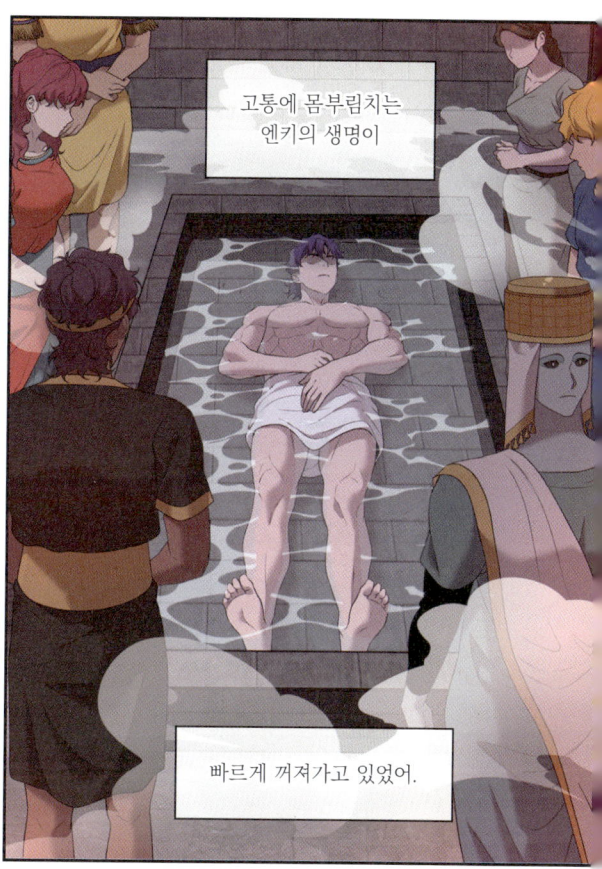

> 닌후르쌍은 자신의 허벅지에 엔키의 머리를 누이고 말했어.

"…어디가 너를 아프게 하느냐?"

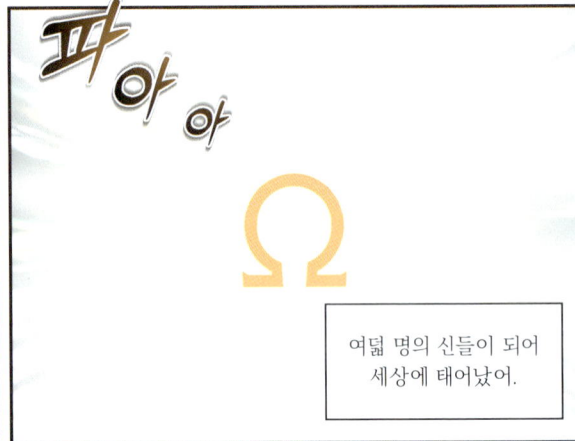

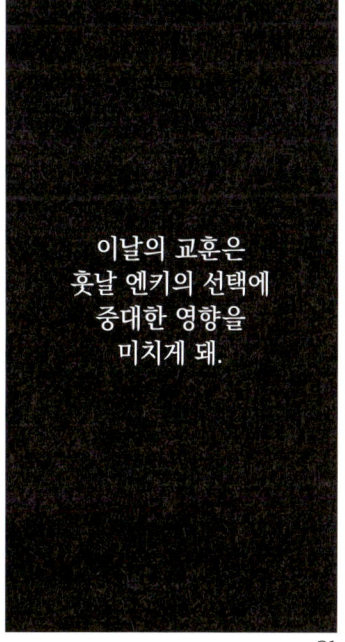

그 누구보다 아름다운 여신으로 이름을 떨치게 됐지.

...정말 아름답구나, 인안나야.

세상에 저렇게나 아름다운 미모라니…!

별처럼 반짝이는군!

푸덕

후후, 넌 누구니?

신들뿐만 아니라 동물들마저 그녀의 매력에 빠져들었어.

날개가 꺾인 새는 울부짖었지.

그녀는 또 위엄이 넘치는 사자를 사랑했고

아아… 정말 멋진 맹수야.

사자를 구덩이에 빠뜨리고는 깔깔댔어.

그를 늑대로 만들어 그가 기르는 염소를 잡아먹게 했지.

그는 염소를 지키는 사냥개에게

하하하 하하, 하하하!

밤낮없이 쫓기는 신세가 됐어.

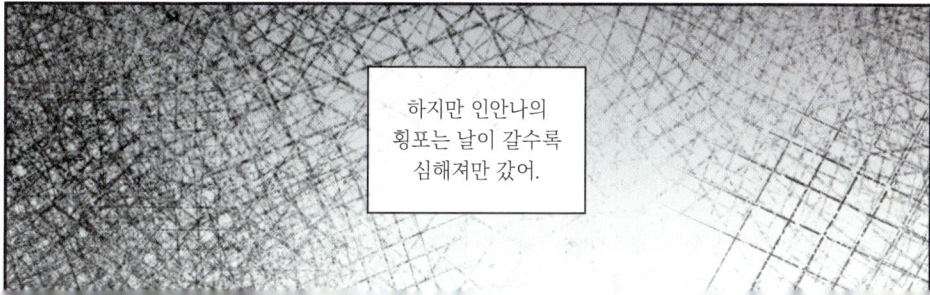

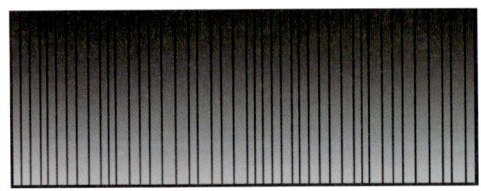

거대한 산이
인안나의 손에
파괴돼버렸지.

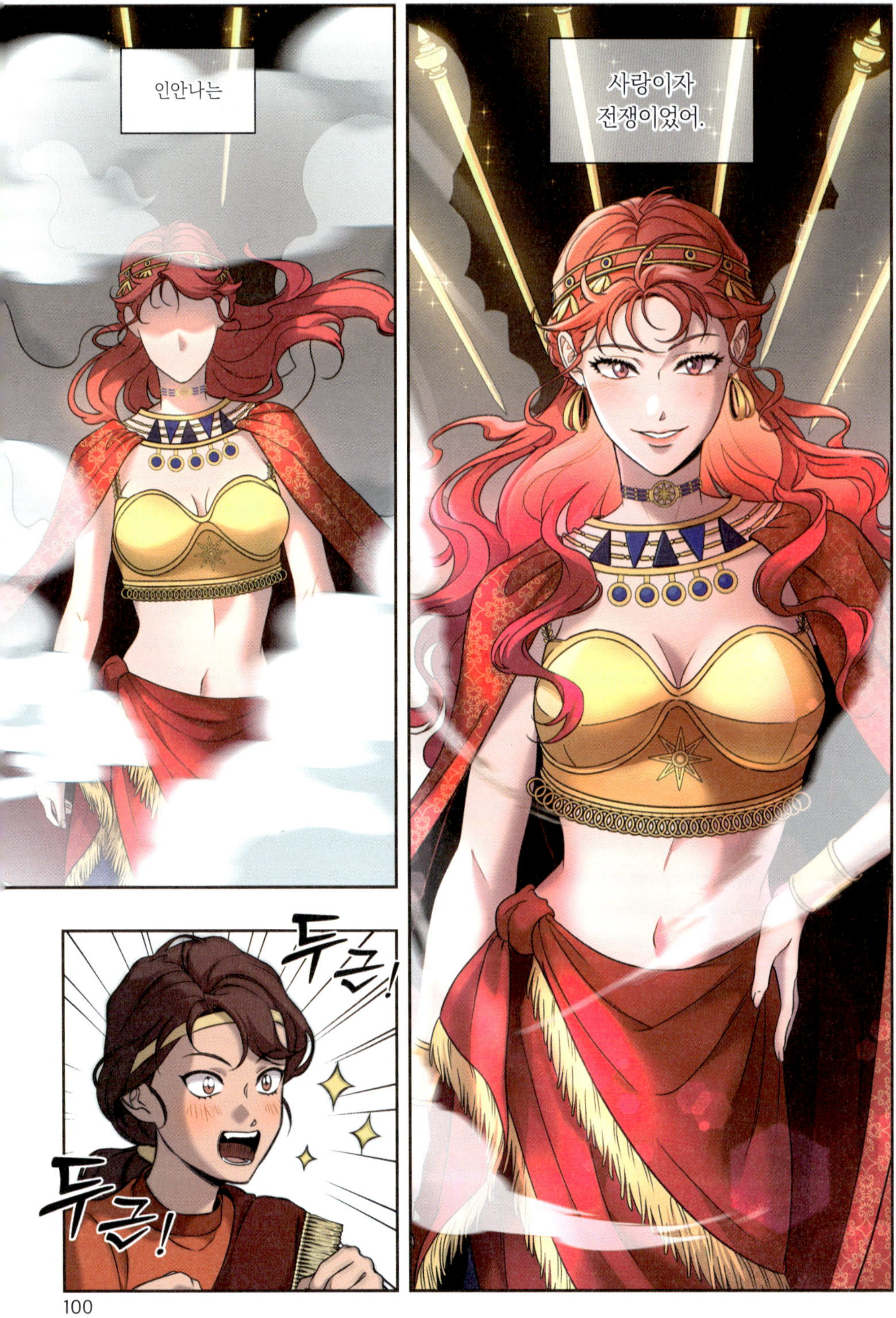

인안나는

사랑이자
전쟁이었어.

두근!

두근!

닌슈부르는 인안나에게 제 발로 찾아가 말했어.

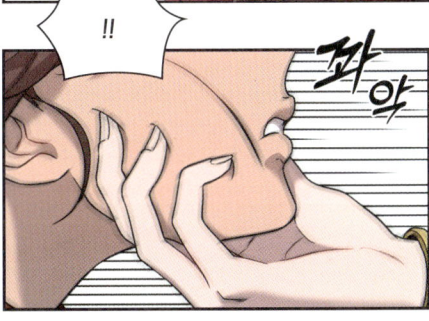

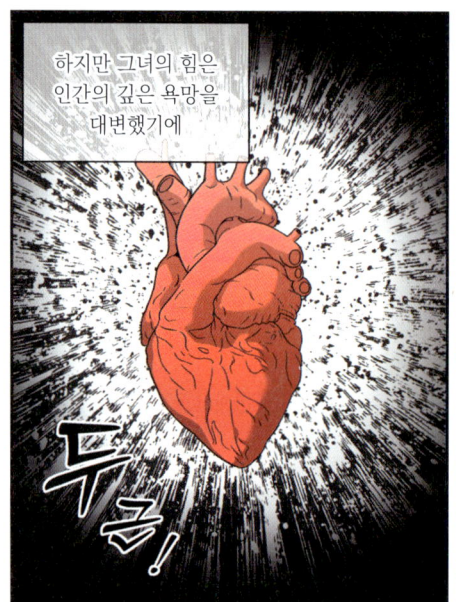

사랑,

금성,

아름다움,

연애,

전쟁,

풍요,

다산,

이 모든 것들이 인안나라는 여신이었던 거야.

난나의 신전

인안나가 또 횡포를 부렸다네요.

이번엔 정원사에게….

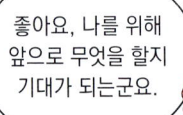

인안나와 두무지의
결혼 생활은
꽤나 행복했어.

대추야자나무
밑에서
사랑을 나눴지.

그대 덕에
이렇게나
행복해지다니.

둘은 꽃으로
장식된
침대에 누웠고

두무지는
인안나와의
결혼으로
풍요를 관장하는
신이 되었어.

쪽-

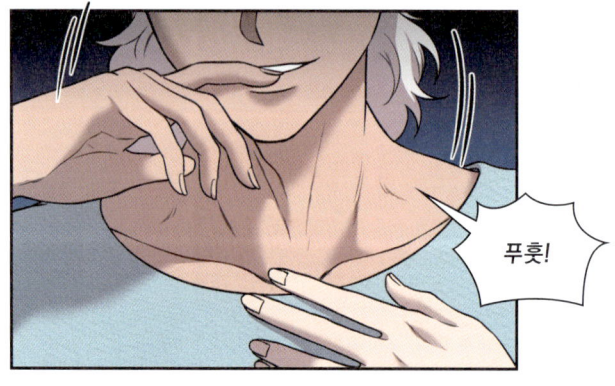

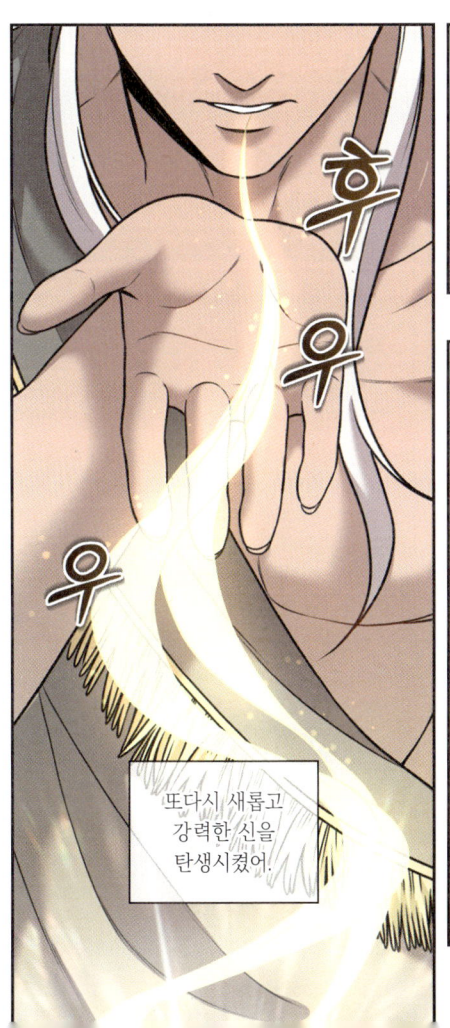

!!

엔키와 엔릴의 후계자 대립 구도에서

웅성...

후계자끼리의 경쟁이 선포되었구나!

이제는 엔릴의 후계자끼리의 대립 구도가 만들어졌지.

더 이상 신들은 엔키와 엔릴 사이에서

누가 더 적격인가를 말하지 않았어.

신들의 운명을 정하는 운명의 서판을 가진 자가 다음 땅의 지배자가 될 것이다!

새로운 왕위 계승의 법칙이 생겨났지.

운명의 서판은 그렇게

왕권의 상징이 되었던 거야.

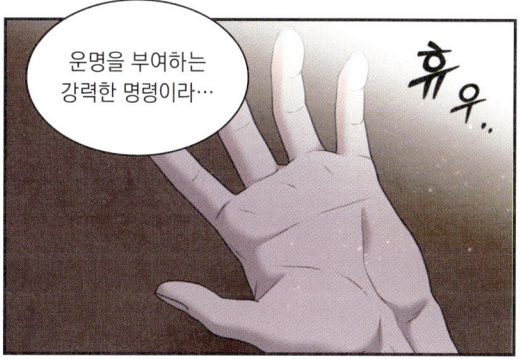

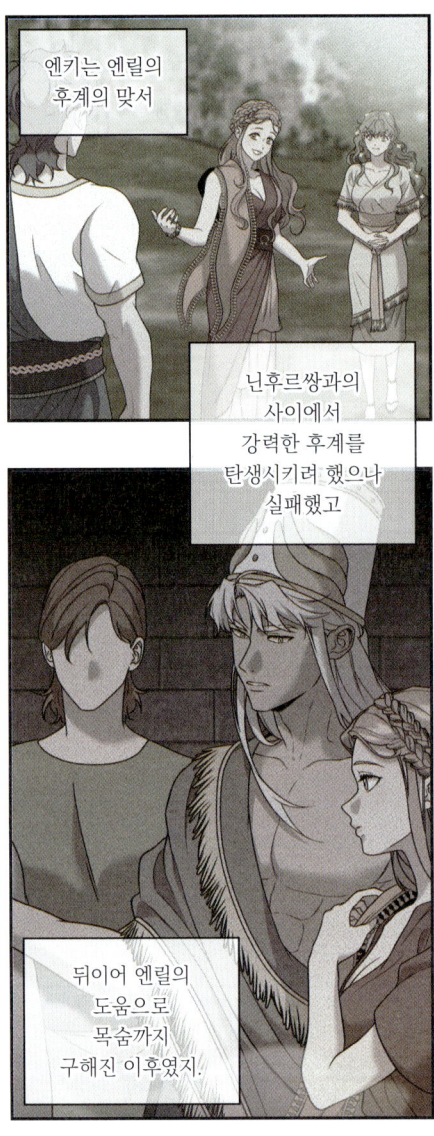

운명이여…

…어째서 기어이

무릎을 꿇리고야 마는 것이오….

그때였어.

땅 아래 거대한 지하수에서부터 시작된 진동이

안주가
서 있었어.

거대한 괴물은
괴물임에도

마치 신과
같은 기운을
내뿜고 있었지.

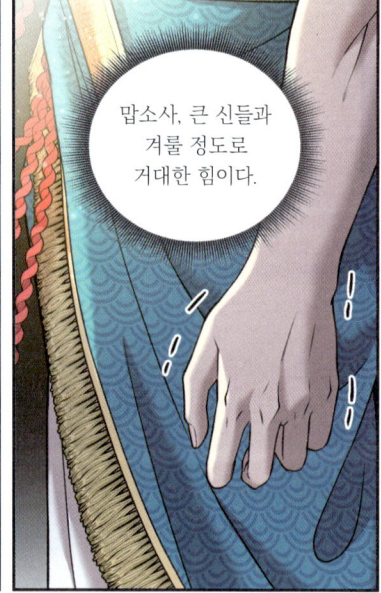

맙소사, 큰 신들과
겨룰 정도로
거대한 힘이다.

안주여, 당신이 태어난 이유를 알고 있습니까?

…모른다.

안주는 그저 갑자기 거대한 세상에 홀로 생겨났을 뿐이었어.

당신의 거대한 힘은 어떻게 쓰일 것입니까?

…그것 또한 모르겠구나.

엔키는 안주와 함께 엔릴의 신전에 도착했어.

맙소사, 신전에 괴물이 들어오다니…!

엔키 님이 괴물을 데려오셨어!

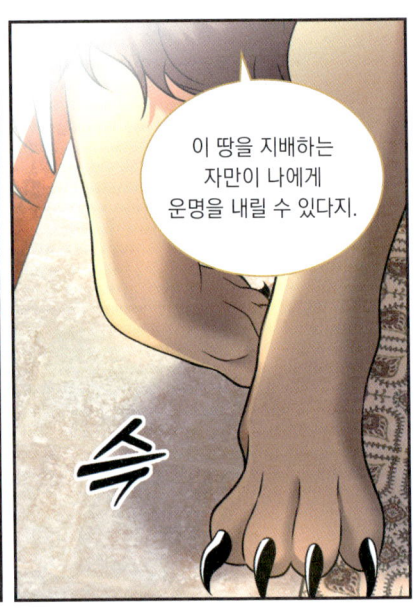

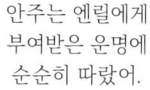

그는 청금석으로 만들어진 신전의 깊숙한 곳에 자리 잡아

운명의 서판을 지키게 됐어.

운명의 서판은 그것을 지키는 안주의 운명을

더 괴롭게 옭아매 가고 있었지.

쿠웅

그렇게 한 달,

두 달,

점점 시간이 흐르고….

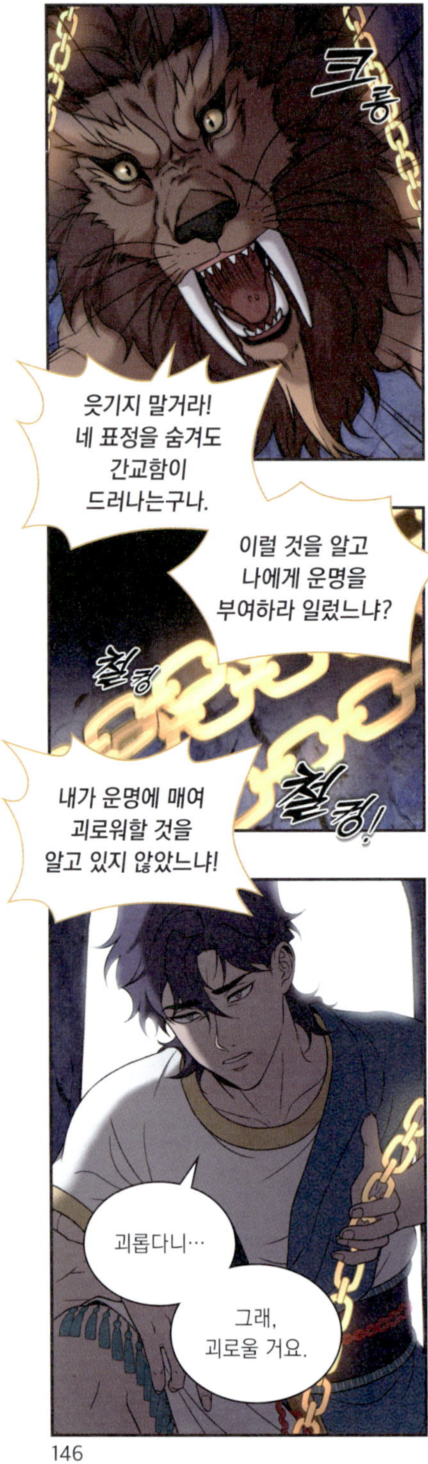

크릉

웃기지 말거라! 네 표정을 숨겨도 간교함이 드러나는구나.

이럴 것을 알고 나에게 운명을 부여하라 일렀느냐?

철컹

철컹!

내가 운명에 매여 괴로워할 것을 알고 있지 않았느냐!

괴롭다니…

그래, 괴로울 거요.

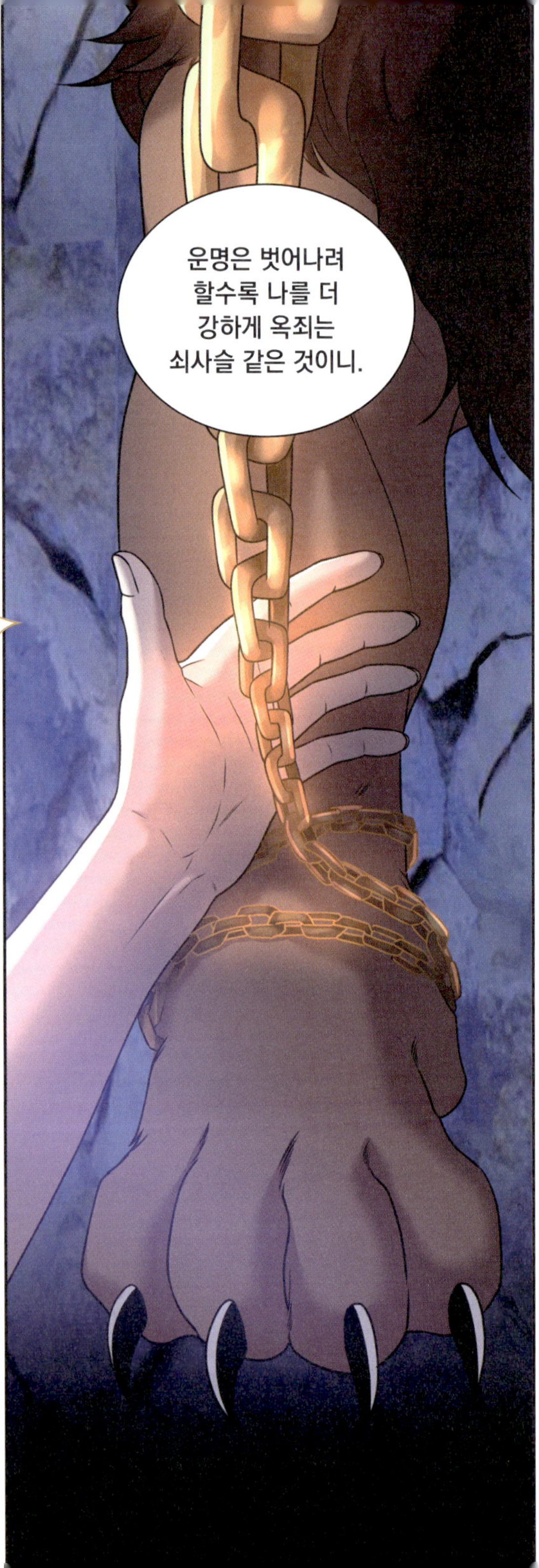

운명은 벗어나려 할수록 나를 더 강하게 옥죄는 쇠사슬 같은 것이니.

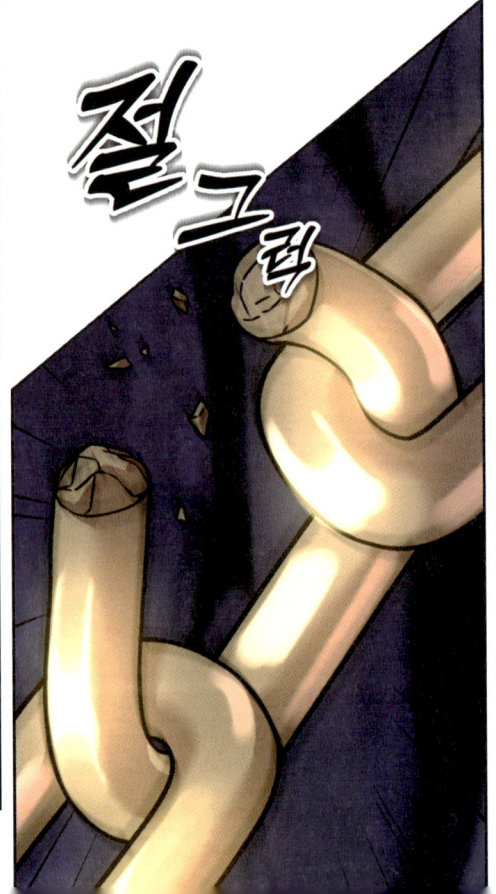

안주는
운명의 서판을
훔쳐 달아났어.

홍끼의 Hongkki's Mesopotamian Mythology
메소포타미아 신화

안주가…

운명의 서판을 훔쳐 달아난 것 같습니다.

엔릴은 등불의 신 누스카와 함께 안주가 있던 곳으로 향했고

당장 큰 신들을 불러 모으거라!

큰 신들이 빠르게 엔릴의 신전으로 모였어.

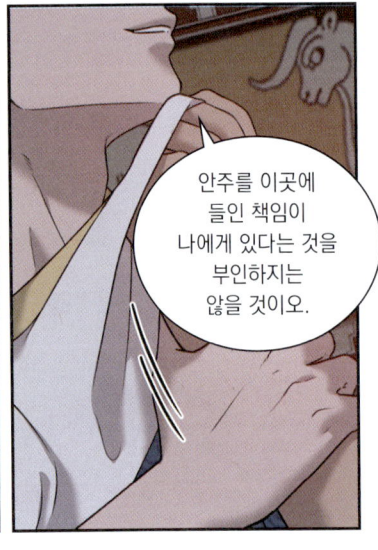

신들을 위기에서 구해내겠다라…?

운명의 서판은 '땅의 지배자'가 가지는 왕권의 상징으로

다른 신들의 눈에는 엔키가 운명의 서판을 가질 자격이 있는 것으로 보일 게 분명했어.

엔키가 안주를 무찌르고

운명의 서판을 되찾아 온다면

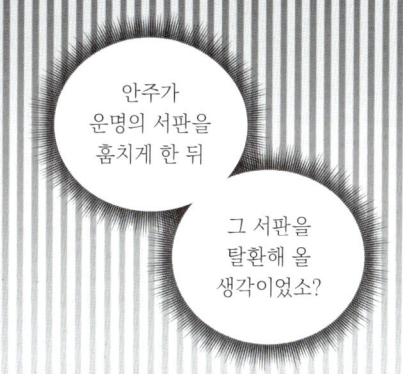

나의 아들들아, 누가 목숨을 바쳐 신들을 위기에서 구하고 훗날 운명의 서판을 쥘 자격을 얻겠느냐!

오늘의 일로 나의 아들 중 한 명이 안주를 물리치고

나의 장남 난나여!

엔릴은 난나를 불렀지만

난나는 자리에 없었어.

훗날 내 뒤를 이어 운명의 서판을 다룰 적임자로 자리매김할 것이오!

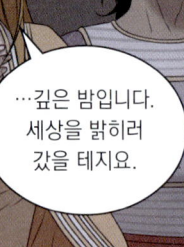

…깊은 밤입니다. 세상을 밝히러 갔을 테지요.

운명의 서판을 사용하고 있는 안주를 발견했어.

너의 운명을 거두겠다.

원래대로 돌아가거라.

…누구냐!

너는 누구인데 감히 나를 상대하려 하느냐!

나는 신들의 복수자요. 운명의 서판을 도로 가져가겠소!

타앗

닌우르타는 화살로 안주를 맹공격했고

촤

아

아

안주는 소리쳤어.

화살아, 너의 운명을 거두겠다.

원래대로 돌아가거라!

생명이 있는 것들에게는 모두 운명이 깃들어 있었기 때문에

화살대는 다시 갈대로,

화살 깃은 다시 새에게로 돌아갔지.

활과 화살이 사라진 닌우르타는

바람을 꺼내 쏴서 폭풍우를 일으켰어.

안주 또한 날갯짓으로 폭풍우를 일으켜

거대한 폭풍이 서로 맞붙었지.

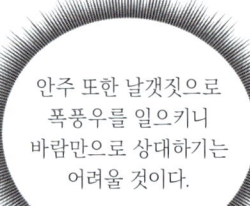

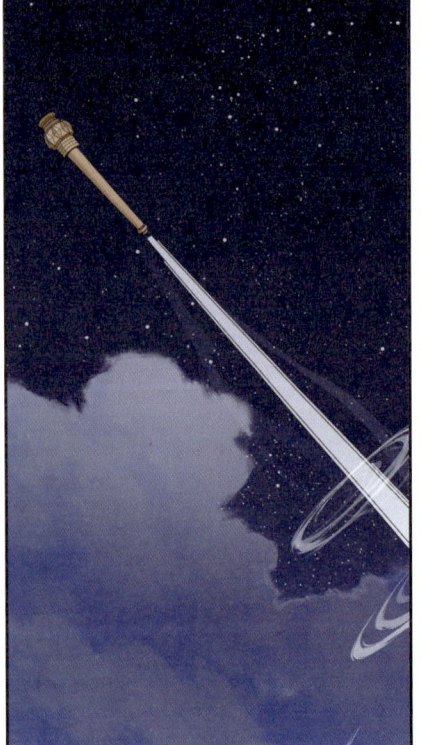

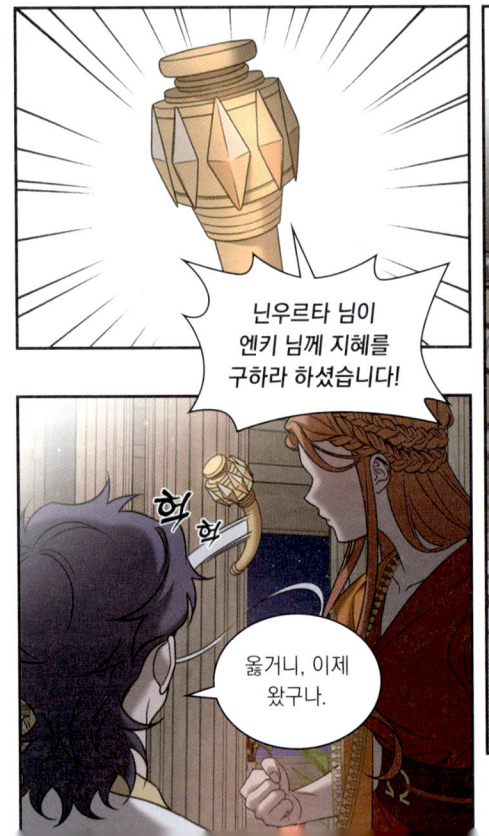

휘오오오…

크윽…!

이런…!

샤루르야!

주인이시여…! 엔키 님의 전언을 가져왔습니다.

"안주의 깃털을 왼쪽과 오른쪽으로 벌려 화살 깃을 만들고,"

"화살촉을 끼우거라."

닌우르타는 안주의 깃털로 만든 다트를 곳곳에 흩뿌렸지.

…건방진 것 같으니…!!

닌우르타가
흩뿌려 놓은
깃털 다트가

일제히 안주를 향해
날아가기 시작했어.

목숨을 걸고
운명의 서판을
지키라는

안주의 운명이
완성됨으로써

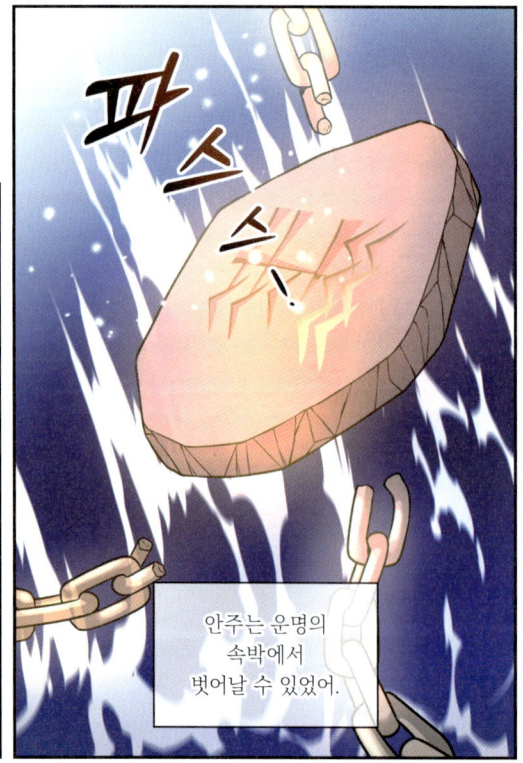

안주는 운명의
속박에서
벗어날 수 있었어.

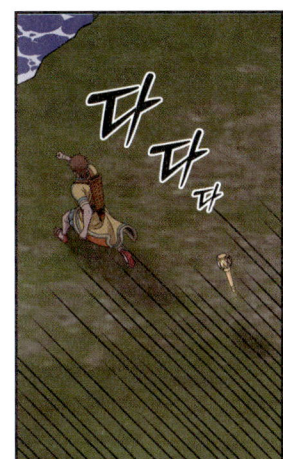

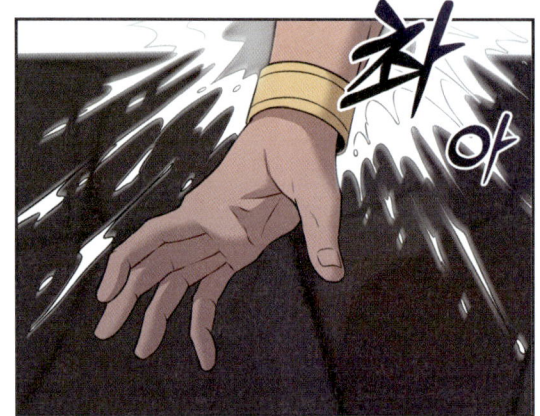

닌우르타는
엔키의 영역,

지하수 저 깊은 곳
'압주'에 도착했어.

운명의 서판은
그 사용자의 마음속
깊은 곳을 헤집어놨어.

땅 위의 지배자는
마땅히 내가
되어야 할 것이다….

그것을 막는
자는 모두
내 손에 죽임을
당할 것이니….

그자가 대기의
신이라 할지라도….

모든 것은 엔키의
뜻대로였지.

엔키는 안주를
부추겨 운명을
희망하게 하였으며

엔릴을 자극해
안주가 운명에
묶이게 하였고

그 운명에
묶인 안주가

결국 운명의 서판을
훔쳐내게 했어.

운명의 서판은
왕권의 상징이니

엔릴은 후계자들을
내보내야 했지.

엔키는 닌우르타를
지혜로 도움으로써

안주를 데려온
것에 대한
면죄부를 얻었고

괜찮으십니까, 나의 주인이시여!

경쟁자 제거는 나부터인가…? 영광이군.

엔키는 얼른 진흙을 집어 닌우르타에게 뿌리며 말했어.

거북아, 나오거라!

닌우르타를 물고 빠른 속도로 땅을 파 내려가기 시작했지.

엔키가 던진 압주의 진흙은 거대한 거북이로 자라나

신들에게는 잠깐의 평화가 찾아왔지.

엔릴은 잠 못 드는 밤이 길어져만 가고 있었어.

3권에서 계속

# 참고 문헌

## 단행본

김산해, 『최초의 신화 길가메쉬 서사시』, 휴머니스트, 2020.
김산해, 『최초의 역사 수메르』, 휴머니스트, 2021.
김산해, 『최초의 여신 인안나』, 휴머니스트, 2022.
김석희, 『초창기 문명의 서사시』, 이레, 2008.
김현선 외 6인, 『중동신화여행』, 도서출판 아시아, 2018.
배철현, 『신들이 꽃피운 최초의 문명』, 웅진씽크빅, 2010.
배철현, 『신화 밖 신화여행, 메소포타미아』, 웅진씽크빅, 2010.
앤드류 조지, 공경희 옮김, 『길가메시 서사시』, 현대지성, 2021.
제임스 B. 프리처드, 주원근 외 5인 옮김, 『고대 근동 문학 선집』, 기독교문서선교회(CLC), 2016.
필립 스틸, 조윤정 옮김, 『메소포타미아』, 웅진씽크빅, 2013.
Rivkah Harris, 『Gender and Aging in Mesopotamia』, University of Oklahoma Press, 2000.

## 사이트

「The Electronic Text Corpus of Sumerian Literature」, https://etcsl.orinst.ox.ac.uk/
「The electronic Babylonian Library」, https://www.ebl.lmu.de/
「Academy for ancient texts」, https://www.ancienttexts.org/
「World History Encyclopedia」, https://www.worldhistory.org/
「Sumerian Shakespeare」, https://sumerianshakespeare.com/2701.html

**홍끼의 메소포타미아 신화 2**

초판 1쇄 인쇄 2025년 5월 13일
초판 1쇄 발행 2025년 5월 26일

지은이 홍끼
펴낸이 김선식

**부사장** 김은영
**콘텐츠사업본부장** 김길한
**제품개발** 정예현, 설민기 **마케팅** 김다운
**IP제품팀** 윤세미, 김다운, 설민기, 신효정, 정예현, 정지혜
**콘텐트리1팀** 이석원, 이다영, 손규성, 손준연, 신현정, 최은석, 현승원
**콘텐트리2팀** 명소혁, 이광연, 이성호, 이제령
**편집관리팀** 조세현, 김호주, 백설희
**저작권팀** 성민경, 윤제희, 이슬
**재무관리팀** 하미선, 김재경, 김주영, 오지수, 이슬기, 임혜정 **제작관리팀** 이소현, 김소영, 김진경, 이지우, 황인우
**인사총무팀** 강미숙, 김혜진, 이정환, 황종원 **물류관리팀** 김형기, 김선민, 김선진, 박재연, 양문현, 이민운, 이주희, 주정훈, 채원석
**외부스태프** 하나(본문조판)

**펴낸곳** 다산북스 **출판등록** 2005년 12월 23일 제313-2005-00277호
**주소** 경기도 파주시 회동길 490
**전화** 02-702-1724 **팩스** 02-703-2219 **이메일** dasanbooks@dasanbooks.com
**홈페이지** www.dasan.group **블로그** blog.naver.com/dasan_books
**종이** 스마일몬스터 **출력·인쇄** 한영문화사 **제본** 대원바인더리 **코팅·후가공** 제이오엘앤피

ISBN 979-11-306-6534-4(04810)
ISBN 979-11-306-6532-0(SET)

● 책값은 뒤표지에 있습니다.
● 파본은 구입하신 서점에서 교환해드립니다.
● 이 책은 저작권법에 의하여 보호를 받는 저작물이므로 무단 전재와 복제를 금합니다.

다산북스(DASANBOOKS)는 책에 관한 독자 여러분의 아이디어와 원고를 기쁜 마음으로 기다리고 있습니다. 출간을 원하는 분은 다산북스 홈페이지 '원고 투고' 항목에 출간 기획서와 원고 샘플 등을 보내주세요. 머뭇거리지 말고 문을 두드리세요.